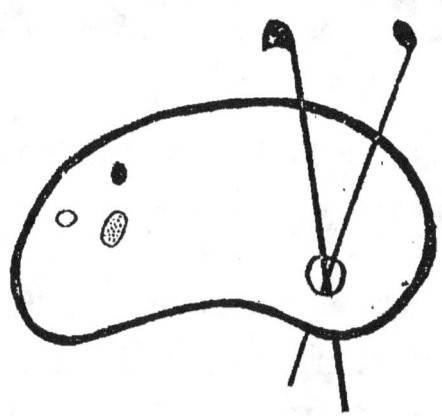

DEBUT D'UNE SERIE DE DOCUMENTS
EN COULEUR

79

# CATALOGUE

DE

# TABLEAUX

## DESSINS

ESTAMPES ANCIENNES ET MODERNES

LITHOGRAPHIES, PHOTOGRAPHIES

DONT LA VENTE AURA LIEU

*Par suite du décès de M. C*<sup>te</sup> *E. St Aignan*

HOTEL DES COMMISSAIRES-PRISEURS

**RUE DROUOT, N° 5**

SALLE N° 4

Les Mercredi 30 Juin et Jeudi 1er Juillet 1858

A UNE HEURE PRÉCISE

Par le ministère de M<sup>e</sup> AVRIL, Commissaire-Priseur, avenue Victoria, 2
Assisté de M. VIGNÈRES, Marchand d'Estampes
rue de la Monnaie, 13, à l'entresol, entrée rue Baillet, 1
CHEZ LEQUEL SE DISTRIBUE LE CATALOGUE.

**EXPOSITION PUBLIQUE**

Le Dimanche 27 Juin 1858, de 1 heure à 4 heures

PARIS
**RENOU & MAULDE**
IMPRIMEURS DE LA COMPAGNIE DES COMMISSAIRES-PRISEURS,
rue de Rivoli, 144.

1858

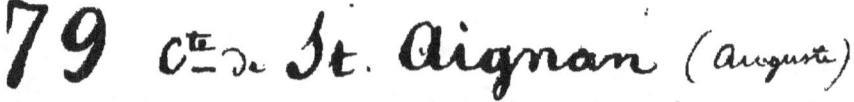

79 C<sup>te</sup> de St. Aignan (Auguste)

# PORTRAITS DIVERS
### GRAVÉS
## Par Ambroise TARDIEU

OVALE IN-8º.

*Papier format in-4º. — Chaque : 25 centimes.*

Addison, poëte dram. angl.
Aguesseau (H. F. d'), chancel.
Aignan (Et.), poëte lyrique.
Alembert (d'), académicien.
Alfieri (V.), poëte dramat.
Amyot (J.), évêque.
Andrieux, poëte dram., académ.
Arioste (L.), poëte italien.
Azaïs (P. H.), philosophe.
Balzac (J. L. Guez de), acad.
Becker, général.
Belliard, général.
Bercloux, littérateur.
Berthollet, chimiste, Pair.
Bessières, maréchal.
Boileau-Despréaux.
Chasseloup de Laubat, général.
Choiseul (duc de), pair.
Colomb (Christophe).
Corneille (P.), poëte dram.
Cousin (Victor), acad.
Daunou, historien.
Dessolles, général.
Diderot, littérateur.
Etienne, poëte dram.
Fénelon, archevêque.
Français de Nantes, comte.
Gouvion Saint-Cyr, général.
Grimm (F.-M.), critique.
Horace.
Jay (Antoine), historien.
Jouy, poëte dram.
Juvenalis, poëte satyrique.
Kellermann, général, pair.
Kellermann fils, général, pair.
Klein, général, pair.
Labbey de Pompierre, député.
La Bruyère (Jean de).
Lafayette, général, député.
La Fontaine (Jean de).
Laplace (marquis de), acad.

Le Brun (prince), pair.
Lefèvre, maréchal.
Lemontey, historien.
Louis (baron), ministre.
Massillon.
Molière.
Montaigne.
Montesquieu (Ch. Secondat de).
Mortier, maréchal.
Moustalon.
Mozart.
Murat (Joachim).
Napoléon, empereur.
Ovide, poëte latin.
Pelet de la Lozère.
Percy.
Philippe II, roi d'Espagne.
Piron, poëte comique.
Pradt (D. Dufour de), archev.
Racine (Jean).
Rampon, général.
Regnard, poëte comique.
Reille, général.
Ricard, général.
Rollin, historien.
Rossini (Joachim).
Rousseau (J.-B.).
Rousseau (J.-J.).
Saint Augustin.
Saint Bernard.
Saurin (Jacques).
Scott (Walter).
Sebastiani, général.
Séguier, chancelier.
Ségur (comte de), pair.
Soules, général.
Suchet, maréchal.
Tissot (P.-F.), poëte et prosateur.
Tite Live, historien latin.
Virgile.
Voltaire.

Caylus (Marg. de Valois, com. de). | Gay (Sophie).
Dacier (Anne Lefèvre). | Sévigné (marquise de).

### Chaque : 50 centimes.
SE TROUVE CHEZ VIGNÈRES, 1, RUE BAILLET, A PARIS.

## ORDRE DES VACATIONS.

### 1re VACATION.

Cadres et ustensiles d'ateliers    74-75.
Estampes anciennes et modernes    272-157 à 271.

### 2e VACATION.

Dessins    76 à 156.
Tableaux    39 à 73.
Tableaux    1 à 38.

Les attributions de l'amateur ont été conservées.

M. Vignères, faisant la vente, se charge des commissions.

---

## CONDITIONS DE LA VENTE.

Elle sera faite au comptant.

Les acquéreurs paieront cinq pour cent en sus des adjudications, applicables aux frais.

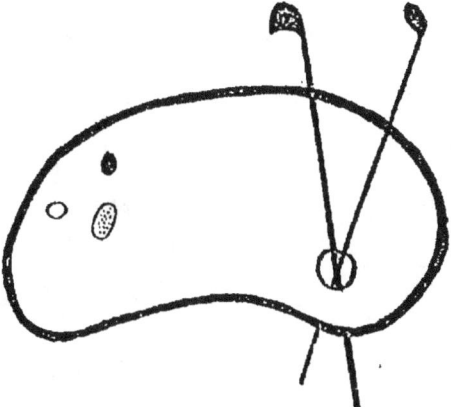

FIN D'UNE SERIE DE DOCUMENTS
EN COULEUR

# TABLEAUX

### ALBRIER.
1 Imposition des mains. Esquisse.

### BIDAULT.
2 Cascade, route de Naples.
3 Vue de l'Aveline, royaume de Naples.

### CHAIMBAULT (N).
4 Moulin à eau dans les montagnes.

### CHARPENTIER.
5 Tête de jeune fille.

### CICERI (Eugène).
6 Paysages, marines, etc., environ 8 tableaux et esquisses, seront divisés.

### COIGNET.
7 Études d'arbres en Dauphiné, etc.; plusieurs paysages, chutes d'eau ; seront divisées.

### COPIES TERMINÉES
*Et Esquisses d'après les Tableaux du Musée.*

8 Marine, d'après Backuysen.
9 Antiope, d'après Corrège.
10 Dame et sa fille d'après Van Dyck et son pendant, 2 tableaux.
11 Portrait de Rembrandt.
12 Le bon Samaritain.
13 Denier de César, d'après Rubens.
14 Accouchement de la Reine.

15 Descente de croix.
16 Les enfants avec le chien, d'après Paul Véronèse. Grand et beau tableau.

### DETREZ (A.).

17 Ravin dans une forêt.

### DIAZ.

18 La Charité. (Signé 48).

### ÉCOLE ITALIENNE.

19 Hélène Capella. Beau portrait.
20 Seigneur chevalier de Malte.
21 Portrait à mi-corps d'une princesse de Naples. Grand tableau.
22 Sainte Famille.

### GASSIES, 1821.

23 Falaises, sur bois.
24 Marine, 1825.

### HONTHORST.

25 Buste de jeune bergère tenant des fleurs; sur bois.

### JANET dit CLOUET.

26 Charles IX, beau portrait sur bois.
27 Henriette de Balzac, marquise de Verneuil; ancien tableau sur bois.

### JUGELET.

28 Marée montante.
29 Marine, gros temps.

### LESSORE.

30 Jeune fille à mi-corps, tenant du myosotis; charmante figure.

Bernau

## MINIATURES.

31 Madame la duchesse de Soubise.
32 La fille de Carlo Dolci, cadre rond.

### REMBRANDT.

33 Tête orientale, sur bois.

### RENOUX.

34 Intérieur d'église. — Ruines, paysages, études ; plusieurs seront divisées.

### SALVATOR ROSA.

35 Paysage avec soldat.

### TINTORET.

36 Moine faisant parler un mort pour accuser un prisonnier. Esquisse avancée.

### ULRICH, 1820.

37 Vue d'un lac avec soleil couchant.

### VÉRONÈSE (Paul-Caliari).

38 Diane et ses Nymphes.

### DIVERS ANONYMES.

39 Etudes de têtes de femmes et d'hommes ; plusieurs seront divisées.
40 Lac du Bourget.
41 Marine.
42 Paysage : le Prieuré.
43 Plage, marée montante.
44 Vue de Naples.
45 Paysages arcadiens, 2 tableaux ; seront divisés.
46 Grand paysage avec fabriques.
47 Petite étude de femme nue agenouillée.

48 Assomption de la Vierge. Esquisse.
49 Tête de prêtresse.
50 Madame de Maintenon. — Ninon de l'Enclos. 2 jolis portraits ovales, modernes.
51 Sévigné (Madame de) beau portrait, cadre de bois sculpté.
52 Petit portrait de dame à l'huile.
53 Petit portrait de dame veuve, sur cuivre.
54 Très petit portrait de dame, sur cuivre.
55 Petit portrait de dame, sur marbre.
56 Petit portrait d'homme, sur cuivre, avec ses armoiries gravées au revers.
57 Portrait d'homme, anonyme.
58 Autre portrait d'homme.
59 Portrait d'homme, sur bois.
60 Portrait de seigneur italien, cadre bois sculpté.
61 Tête de Vierge.
62 Mariage de sainte Catherine.
63 Saint Moine adorant l'Enfant Jésus.
64 Christ au jardin des Oliviers, sur cuivre.
65 Jeune fille couronnée de fleurs et tenant un plat rempli de fleurs, cadre bois sculpté.
66 Judith tenant la tête d'Holopherne.
67 Danaé, tableau gracieux sur bois.
68 Vierge et Jésus, entourés de saints, sur bois.
69 Sainte Famille couronnée par des anges, ancien tableau sur bois.
70 Assomption de la Vierge, ancien tableau de forme ronde, sur bois.
71 La Fornarine, sur bois, cadre en bois sculpté.
72 Vierge aux candelabres, d'après Raphaël.
73 Vierge les mains jointes, provenant de la collection Aguado.

74 2 cadres dorés en bois sculpté. — 2 cadres en bois sculptés non dorés. — 3 cadres ovales dorés. — 2 bordures carrées dorées; — seront divisés sous ce numéro.

75 Sous ce numéro seront vendus des chevalets, boîtes à couleur, palettes, panneaux, stirator, cadres, passe-partout et autres ustensiles d'atelier que le temps n'a pas permis de cataloguer.

## DESSINS

76 ANONYME. Vue d'Italie à la plume, lavée à l'encre de Chine, 10 p.

77 ANONYME. Vue d'une vigne sur une terrasse en Italie, aquarelle encadrée.

78 Calques amours, études d'animaux, etc., environ 120 dessins dans un vol. in-4º.

79 BISCAINO. Sainte Famille, Repos en Égypte, à la plume et bistre, encadré.

80 BODDINGTON. Repos de deux dames, mine de plomb sous verre.

81 BRASCASSAT (R.). Naples 1829, encadré.

82 BURETTE (Alphonse). Marine, aquarelle.

83 — Etude de broussailles, mine de plomb.

84 CAMPAGNOLA (Dom.). Paysage à la plume.

85 CARRACHE (Annibal). Paysage à la plume; plusieurs dessins en feuille et encadrés; seront divisés.

86 CASTEN. Vue dans l'Inde, grande gouache.

87 CHAMPEIN (Elisa). Groupe de fleurs, aquarelle sous verre.

88 CHAMPMARTIN. Pointe du sérail, aquarelle sous verre.

89 CHAPUY. Cours du Rhône, 50 vues à la mine de plomb.

90 CICERI. Paysages aquarelles, trois très petites pièces.

91 — Paysage, crayon noir rehaussé de blanc, sous verre.

92 — Vues en Orient, aquarelle sous verre.

93 — Plusieurs gouaches ovales sous verre; seront divisées.

94 COIGNET. Pont du Diable, pastel sous verre.

95 — Paysage, aquarelle sous verre.

96 — Paysages, mine de plomb sous verre.

97 DAVID. Sujet grec sur papier huilé à la plume, encadré.

98 DEJUINE. Larron crucifié, d'après Michel-Ange, encadré.

99 DHERBES. Le moulin, aquarelle.

100 DOMINIQUIN. Paysage à la plume.

101 DUMOUSTIER. Le cardinal d'Amboise, encadré.

102 ÉCOLE DE FONTAINEBLEAU. Anges soutenant les instruments de la Passion; 8 dessins à la plume, lavés, rehaussés de blanc, dans 2 cadres.

103 FRANCIA. Marine, entrée du port, gros temps, encadré.

104 FRANCO (B.). Composition pour une voûte; ce dessin a été payé 130 fr. à la vente Denon; encadré.

105 GÉRICAULT. Etudes de damnés, à la plume, lavé, encadré, double face.

106 — Arabe en arrêt, beau dessin au bistre, sous verre.

Bestuit. 150



Bestait 75

— 7 —

107 GOUACHES. Vues du mont Liban. — Ruines de Balbek, encadrées.

108 — Vues de Suisse, mont Blanc, etc., 2 petits cadres ronds.

109 GRIMALDI, dit le Bolognèse. Paysage à la plume, lavé au bistre.

110 GUASPRE POUSSIN. Grand paysage au crayon sur papier bleu.

111 — Paysage à la plume, lavé à l'encre de Chine.

112 GUERCHIN. Paysages à la plume, venant des cabinets Denon et Th. Lawrence; 6 dessins, seront divisés.

113 GUNTON (W.). Chien en arrêt d'un faisan, aquarelle, mine de plomb.

114 HENNEQUIN (Ph. Auc.). Vues d'Italie, plume, lavé à l'encre et bistre, 2 dessins encadrés.

115 JOHANNOT (Alfred et Tony). Croquis, compositions, études de figures d'après nature, sujets d'histoire, environ 40 dessins seront divisés.

116 — Intérieur avec seigneur malade, aquarelle, esquisse sous verre.

117 — Légende (sujet de), aquarelle encadrée.

118 JOYANT (J.). Vues de Venise, 5 dessins à la plume; pourront être divisés.

119 — Maison de Michel-Ange à Florence, encadré.

120 JUGELET. Marine calme. — Marine agitée; sous verre; seront divisés.

121 KOBELL (F.). Croquis à la plume et lavés, environ 98. Dans un volume in-4°.

122 LEBOUYS. Costumes italiens, aquarelles, 4 pièces encadrées.

123 LESSORE. Sainte Famille. — Charité, — la Dormeuse, aquarelles sous verre; seront divisées.

124 MARILHAT. Croquis, études d'après nature, têtes de femme et académies, compositions, etc., environ 50 p. seront divisées.

125 — Environ 20 études sous verres seront divisées.

126 — Rhodes, 1833 — Jérusalem. — Fontaine au Caire, mines de plomb, sous verre, seront divisés.

127 — Femme nue couchée, intérieur de sérail, sous verre.

128 MEISSONNIER. Apôtre. Etude au crayon noir, rehaussé de blanc, sur papier bleu.

129 MICHALLON. Croquis, mine de plomb, plumes, aquarelles, environ 60 dessins dans un vol. in-4°.

130 MICHEL-ANGE BUONAROTTI, Dieu le père dans une gloire d'anges, à la plume, encadré.

131 MOINE (ANTONIN). Repos de dames dans un paysage, pastel sous verre.

132 NICOLLE. Grande place de Sienne, aquarelle.

133 NOGUES. Madame Dorval, au crayon de pastel, encadré.

134 PAPETY. Études de têtes de femmes, Christ, etc., 5 dessins au crayon.

135 PARMESAN. Son portrait au crayon noir.

136 — Études de têtes à la plume, encadré.

137 PERIN DEL VAGA. Abraham luttant avec l'ange, encadré.

138 PERROT. Environ 120 dessins à la mine de plomb, études et fragments de bâtiments et marines. Sera divisé.

139 POUSSIN (NIC.). Croquis du carton de Pise, à la plume, lavé, encadré.

140 — Moïse foulant aux pieds la couronne de Pharaon, encadré.

6.11.22.

Detail 75

Detail 72

| | | | | | |
|---|---|---|---|---|---|
| 166 | Drevet Hélène Lambert | Maillan | 6 | |
| 168 Bis | École Italienne 8p. | Maillan | 8 | |
| 174 | Gole la Vallière | Delcluze | 8 | |
| 177 | Leu Henriette de Bahan | | 6 | |
| 190 | Nanteuil Duc de Bouillon | | 3 | 25 |
| 193 | Picart Montespan | Delcluze | 22 | .. |
| 195 | Portrait Hist d'angleterre Levy | | 14 | 50 |
| 197 | Reynolds Children | Maillan | 3 | |
| 199 | Sandrart l'Arioste | Maillan | 4 | |
| 202 | Smith Duchesse de St Alban Robertson | | 3 | 50 |
| 205 | V. Schuppe Louis grand dauphin | | 3 | |
| 213 | Biondi 9 pcs | | 3 | |
| 222 | Desmaison 5 femmes | Maillan | 6 | 50 |
| 225 | Marvy Daubigny et 2 Bp. | Maherant | 4 | |
| 226 | E. allemande... | Maillan | 17 | |
| 228 | Foucher 19 p. | Maherant | 9 | |
| 230 | Forster Vierge à la légende | Maillan | 40 | |
| 236 | Johannot 31 vignettes | Martin | 2 | |
| 237 | . 8 Nodier | Martin | 5 | |
| 238 | . 9 Werther | Martin | 6 | |
| 239 | . 11 Lamartine | Martin | 7 | |
| 240 | . 10 Faust | Martin | 9 | |
| 241 | Joyant 3 aux forts | | 2 | |
| 260 | Photographie | | 1 | |
| 264 | Cotielle Bartholini | | 1 | 50 |
| 272 | Divers 9 pcs | Maherant | 1 | 50 |
| 272 | Divers 14 p | | 1 | |
| | | | 196 | 75 |

|  |  |  |  | 196 | 75 |
|---|---|---|---|---|---|
| 36 | Tintoret esquisse noire | Hulot | 27 | |
| 69 | la famille Couronnée par des anges | Hulot | 46 | |
|  | Montié |  | 53 | |
| 77 | Anonyme Vigne sur une Terrasse | Mahérault | 6 | |
| 89 | Chapuy Cours du Rhone | Destailleur | 20 | |
|  | Fercheres 3 Dessins | Mahérault | 3 | |
| 115 | 1 Johonnot | Mahérault | 27 | |
|  | 5 d. | Mahérault | 15 | |
| 124 | 5 Marilhat | Mahérault | 10 | |
|  | 6 — Groupe de femmes | Mahérault | 24 | |
|  | 2 — têtes sous verre | Mahérault | 9 | |
| 134 | Bis Papety femme et enfant | Destailleur | 9 | |
| 137 | Perin Delvaga | Hulot | 26 | |
| 143 | 129 Renoux 4 lots | Destailleur | 26 | |
| 146 | Sievrac sous verre | Mahérault | 8 | 50 |
| 147 | Thibault volume | Mahérault | 17 | |
| 152 | Valenciennes | Destailleur | 66 | |
|  | Anonyme à la plume | Mahérault | 14 | 50 |
|  | 4 portefeuilles |  | 3 | |
|  | 1 Portefeuille |  | 2 | 75 |
| 272 | divers 9 dessins | Mahérault | 3 | 50 |
|  |  |  | 609 | 50 |
|  |  |  | 30 | 50 |
|  |  |  | 640 | .. |

$$\text{Capital } 100 \begin{cases} 59 \\ 20 \\ 16 \\ 5 \end{cases}$$

Capital 100

141 PRIMATICE. Diane et Actéon, dessin au bistre, rehaussé de blanc, encadré.

142 PRUDHON. Académie de femme nue, crayon noir sur papier bleu, rehaussé de blanc, encadré.

143 RENOUX. Environ 120 dessins à la mine de plomb, paysages, études de figures, costumes, monuments d'architecture, etc.; sera divisé.

144 ROSSO Fiorentino, les trois Parques, gracieux dessin bleu, rehaussé de blanc, encadré.

145 SALVATOR ROSA. Sainte Madeleine prosternée au pied d'une croix, grand paysage à la plume.

146 SIEURAC. Paysage à la mine de plomb, sous verre.

147 THIBAULT. Croquis, mine de plomb, plume, etc., environ 80 pièces album oblong.

148 TINTORET. Sujet de plafond à double face, au bistre.

149 TITIEN. Fuite en Egypte, à la plume, encadrée.

150 TRIQUETTI (de). Encadrement orné, dessin à la plume, avec dédicace de l'auteur pour blason.

151 — Scène du Dante au crayon, dans un encadrement orné à la plume, encadré.

152 — Académie de femme couchée, sanguine sous verre.

153 — Deux académies de femmes couchées, sanguine sous verre.

154 VALENCIENNES. Vues de Rome à la plume, lavées à l'encre, etc., 95 dessins, volume long.

155 VIANELLY. Vues d'Italie, mine de plomb, sous verre; seront divisées.

156 ZIEM. Paysages, aquarelles et plumes, sous verre; seront divisées.

## ESTAMPES ANCIENNES

157 **Amman** (J.) Gaspard de Coligny, Curieux portrait pour les ornements qui l'entourent et la scène de la Saint-Barthélemy au bas.

158 **Audran** (G.). Martyre de Sainte-Agnès, d'après Dominiquin.

159 **Boissieu.** Les Pères du Désert, les Grands Tonneliers, etc. 3 p.

160 **Callot** (par et d'après). Carrière de Nancy — Misères de la Guerre, etc. 23 p.

161 **Chereau.** Portrait de Bayle.

162 **Claude Lorrain.** Le Bouvier. R. D. 8.

163 **Dalen** (Corneille van). Arétin — Boccace. Deux très-beaux portraits avant la lettre, encadrés.

164 **Delff.** Henriette-Marie, reine de la Grande-Bretagne.

165 **Desrochers.** La duchesse de Bourbon ; rogné.

166 **Drevet.** Hélène Lambert, dame de Motteville.

167 — La duchesse de Nemours.

168 **École Italienne.** Bonasone, Maître au Dé, Ghisi. Emblème de la Vie humaine, d'après Michel-Ange, etc., environ 20 p. Pourra être divisé.

169 **Edelinck** (G.). Bossuet, 1er état.

170 — Parent, de Bruxelles.

171 — Verien, ép. avant les noms d'artistes.

172 **Edelinck** (N.). Mme de Sévigné, encadré.

173 **Gaillard.** La princesse Catherine de Galitzin.

174 **Gole.** La duchesse de la Vallière, d'ap. de Plaats, beau portrait.

N° 7.

N. 11.

N. 22.

M. 12

M. 8.

Sebastian Gelli 20

— 175 **Hollar.** Vittoria Colonna, d'ap. Seb. del Piombo.
— 176 **Lubelle.** Ornements, frises, 26 pièces.
— 177 **Leu** (Th. de). Henriette de Balzac, duchesse de Verneuil. Très-belle ép.
— 178 **Lambert.** Hortense Mancini, d'ap. Lilly. Très-belle ép.
— 179 — Cromwell, Rachel Middlesex, 2 p.
— 180 **Masson.** Charles Patin, médecin.
— 181 **Mellan.** Louise-Marie de Gonzague, reine de Pologne.
— 182 — Henri II, de Montmorency.
— 183 **Montagne** (N. de Platte). Marie de Médicis. Très-belle ép.
— 184 **Morin.** Henri II. Très-belle ép. rognée.
— 185 — Charles de Valois, duc d'Angoulême. Très-belle ép., marge.
— 186 — Vignerod, abbé de Richelieu.
— 187 **Nanteuil.** Louise-Marie de Gonzague, reine de Pologne. R. D. 164.
— 188 — Charles d'Orléans, comte de Dunois. R. D. 86.
— 189 — Charles II de Mantoue. R. D. 62.
— 190 — Le duc de Bouillon, 2ᵉ état avant les noms sur la face de la console. R. D. 48.
— 191 **Ozanne.** Chaloupes, vaisseaux, plusieurs eaux-fortes pures. 32 p. Cab. R. Dumesnil.
— 192 **Pesne.** La Confirmation, le Mariage, l'Eucharistie, la Pénitence. 4 p. d'ap. Poussin.
— 193 **Picart** (Stef.). Rochechouart, marquise de Montespan. Beau portrait.
— 194 **Pontius.** François Thomas de Savoie, d'ap. Van Dyck, avec adresse, M. Vanden Enden.
— 195 **Portraits** tirés de l'Histoire d'Angleterre, de Larrey. 68 p.

— 12 —

196 **Poussin** (d'ap. N.). La femme adultère, par Audran; la Sainte-Famille aux Enfants, par Pesne. 2 p.

197 **Reynolds** (d'ap.). Lady Cathcart, Fortescue, Hertford, Kauffman, Sefton, Stanhope, Wilmot, Ed. Burke, Garrick, Lockhart, etc., et Children in the Wood. 13 p. Pourra être divisé.

198 **Roullet.** Les Saintes Femmes au tombeau du Christ, d'ap. Carrache.

199 **Sandrart.** L'Arioste, d'ap. Titien.

200 **Savart.** Richelieu, cardinal; marge.

201 **Schenck.** Dame prenant des fruits qu'un nègre lui présente, et autres. 3 p.

202 **Smith** (J.). Duchesse de Saint-Albans. Très-belle

203 **Surugue.** M^me de (Mouchy) en habit de bal, d'ap. Coypel.

204 **Van Schuppen.** Louis XIV, d'ap. Mignard.

205 — Louis; grand dauphin, d'ap. de Troy.

206 **Vermeulen.** Maria Luissa de Cassis.

207 **Wierix** (J.-H.). Le duc d'Alençon, sup ép.

## ESTAMPES MODERNES

208 **Alligny.** Campagne de Rome — Royaume de Naples. 2 p. avec dédicace, par l'auteur.

209 **Aristide Louis.** L'Innocence, d'ap. Greuze, sous verre.

210 **Aubry Lecomte.** Danaé. Très belle ép. avant la l. Chine avec adresse de Constant.

211 — Sommeil d'Ariadne — Erigone. 2 p. avant la l.

M. 4.

M. G.

M. 9

M. 18

212 **Avril.** Lazare ressuscité, d'ap. Le Sueur.  1 50
213 **Biondi.** Vénus, Madeleine, Vierge et Jésus. 3 p.  3  Vig
214 **Calame.** Paysages à l'eau forte. 40 p. dans un portefeuille.  10
215 — Œuvre de Calame lithog. 12 p. choisies.  4 25
216 — Paysages lithog., tirés de diverses collections. 15 p.  10 50
217 **Champein** (Élisa) et autres. Fleurs coloriées. 3 p.  2 25
218 **Claude Lorrain** (d'ap.) et Carrache. 2 paysages.  1 50
219 **Cornilliet.** Saint Vincent de Paul secourant les prisonniers, d'ap. Gosse.  6 50
220 — Clémence de Napoléon Bonaparte, et pendant. 2 p. d'ap. Gosse, avec dédicace de l'auteur, signée.
221 **Delaroche** (d'ap.) Les Enfants surpris par l'orage — Philippo Lippi. 2 p., manière noire.  2
222 **Desmaisons**, d'ap. Vidal. Eva, Aika, Fatinitza, une Larme de repentir, Noemi. 5 p. gracieuses en couleur.  6 50 Vig
223 **Doo** (Georges). Cristo Giovanile, d'ap. Raphaël, encadré.  13
224 **Earlom.** Colonel Mordaunt's cock matels, d'ap. Zoffany, encadré.  2
225 **Eaux-fortes**, par Daubigny, Marvy, etc. 26 p.  4  Vig
226 **École allemande.** Bendeman, Cornelius, etc. 15 p.  17  Vig
227 **Fac-simile** de dessins, d'ap. Corrége, Raphaël et autres. 14 p. Calcog.  16
228 **Feuchère.** Eaux-fortes avec différences. 19 p.  9  Vig
229 **Flaxmann.** Odyssée, tragédie d'Eschyle, etc. 93 pl.  5

230 **Forster.** La Vierge à la Légende, d'ap. Raphaël. Ep. avant la lettre. (108.)

231 **Fragonard** (Théophile). Cours d'ornements comparés. 12 p.

232 **Gosse**, 1821. Tombeau de Napoléon, lithog. encadrée.

233 **Haldenwang.** Vues en Tyrol et cascade, d'ap. Ruysdael, par Hertzinger. 3 p. en bistre.

234 **Hersent.** Sujets pour les Contes de Lafontaine. 6 p. lithog.

235 **Isabey.** Voyage en Italie. 9 p. lithog.

236 **Johannot** (Tony). Eaux-fortes, vignettes avant la lettre pour divers ouvrages, environ 100 pièces. Sera divisé.

237 — Vignettes avant la lettre pour Nodier. Ep. chine, grand papier 8 p.

238 — D° pour Werther. 9 p.

239 — D° pour Lamartine. 11 p.

240 — D° pour Faust. 10 p.

241 **Joyant** (Jules). Vues de Venise et autre. 3 p. à l'eau forte. Rares.

242 **Langlois.** Vue du couvent et ermitages du mont Serra. 7 p. lithog., chine.

243 — Voyage en Espagne, Catalogne. 13 livraisons.

244 **Lawrence Gallery.** Recueil de 30 fac-simile de dessins, d'après les grands maîtres. Rare.

245 **Levy.** La Vierge aux candelabres, d'ap. Raphaël.

246 — Madone de Saint-Sixte, sous verre.

247 **Lithographies**, par Derruder, Felon, Ferrogio, Hubert, Isabey, etc. 20 p.

248 — Decamps, Géricault, Roqueplan, etc. 13 p.

249 — Les Willis, sous verre.

M. 45









Martin 31
Martin 8
Martin 9
Martin 11
Martin 10




M. 55.

M. 62

— 250 **Longhi.** Madeleine, d'ap. Corrège, avant la let., encadrée.
251 **Metz**, 1810. Bas-reliefs au Vatican, d'ap. Polidore. 12 p.
252 **Morghen** (R). La Fornarina. Sup. ép., la main blanche, non terminée. — Raphaël. 2 portraits encadrés.
253 — Pétrarque, lettre grise — le Tasse. 2 portraits encadrés.
254 **Ornements** divers, environ 45 pièces.
255 **Pascal.** Vierge avec Saints, d'ap. Titien. Ép. d'eau forte avec dédicace de l'auteur, signée, sous verre.
256 — Portrait de Vélasquez, avec dédicace de l'auteur, signée, sous verre.
257 **Pelée.** Saint-Cécile, d'ap. Raphaël.
258 — La Vierge au Poisson, d'ap. Raphaël.
259 **Perrot.** Marines diverses. 34 p.
260 **Photographies.** Vierge à la Chaise, tête de Vierge, la Joconde, Vénus sortant des eaux, deux couronnes de fleurs, antiquités de Reims, Strasbourg, Vues par Bisson, Maxime Ducamp, etc. Sera divisé.
261 — Œuvres de Marc Antoine, 3e et 4e livraisons. 21 pl. et titre.
262 — Portraits d'acteurs et actrices. 10 p., sous verres.
263 **Piringer.** Paysages, d'ap. G. Poussin, etc. 8 p. au bistre.
264 **Potrelle.** Portrait de Bartolini, sculpteur, d'ap. Ingres.
265 **Rembrandt.** Son portrait, l'écharpe autour du cou, sous verre.

266 — Présentation au temple. B. 50. Pièce rare.
267 **Saint-Eve.** La Vierge au donataire, d'ap. Raphaël.
268 **Thomas.** Le Rêve, poëme en 6 chants. 6 pl. coloriées et texte
269 **Zing.** Chasse au cerf, vues d'Allemagne, etc. 21 paysages au bistre.
270 Vues en couleurs, St.-Paul de Londres, Presbourg, Vienne, etc. 8 p.
271 Têtes d'étude gravées. 7 p.
272 Sous ce numéro, les lots d'estampes et tout ce que le temps n'a pas permis de cataloguer.

## M. Vigneron

Bordereau du 30 Juin 1858 — 197-20
— d° — 1er Juillet — 443-95
─────────
641-15

Note de débours — 12-10
d° pour Lemoinier £s 319 ..
                    ─────────
                    331-10    331-10
                              ─────────
          Reste            310-05

Vente 1 tableau — 36 ..
frais de vente — 2-40
          Reçu   33-60     33-60
                           ─────────
          Reste         276-45

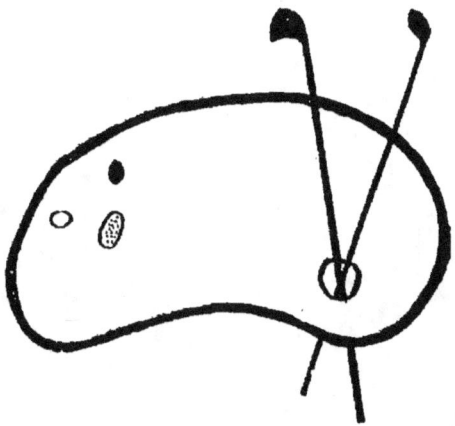

ORIGINAL EN COULEUR
NF Z 43-120-8

www.ingramcontent.com/pod-product-compliance
Lightning Source LLC
Chambersburg PA
CBHW030059230526
45471CB00003B/1158